Adhémard LESFARGUES-LAGRANGE

NOS
MÉDECINS
BORDELAIS

En 1878

TROISIÈME SÉRIE

Prix : 1 franc.

BORDEAUX
IMPRIMERIE GÉNÉRALE D'ÉMILE CRUGY
16, rue et hôtel Saint-Siméon, 16
1878

AUX LECTEURS

Il paraît que la deuxième série de *Nos Médecins bordelais* n'a pas satisfait tout le monde. Parmi les docteurs et parmi les profanes, ce cri a retenti : « *Il a baissé ! il a baissé !* »

Je conviens qu'un médecin qui n'est pas touché doit trouver quelque plaisir à savourer une tirade qui pique vivement son confrère, et je suis certain que le public ne serait pas fâché de lire quelques pages qui taperaient fort sur la médecine en général et sur tous les médecins en particulier.

Certes, on a ri et on rira des médecins ; on s'est moqué et on se moquera d'eux ; mais, en définitive, qu'arrive-t-il ? On les emploie et surtout on les *paie*. Ce sont eux, en vérité, qui peuvent rire les derniers.

On serait donc mal venu d'exiger un état de choses qui serait la double négation de la science et du bon sens. Pour ma part, je rejette avec énergie ces instincts de dénigrement dont on a voulu me gratifier. On peut faire de la fantaisie, de l'originalité, sans chercher à saper des bases établies ; et je dirai plus : une œuvre fantaisiste produit quelquefois de meilleurs résultats que toute autre prétendûment sérieuse.

Je veux demander maintenant à ceux qui ont lancé à pleins poumons le cri : « *Il a baissé !* » s'ils se sont bien rendu compte des difficultés sans nombre et de toutes catégories qui surgissent au milieu de certains travaux ? Et si j'offrais de leur passer la plume, que répondraient-ils ?

D'autres ont essayé jadis, à Bordeaux même, d'entreprendre une œuvre ayant quelque analogie avec celle que je poursuis : ils ont été arrêtés dès les premiers pas, non trahis par leurs propres forces, mais par la perspective de déboires et de tracasseries sans fin. Je dois avouer au lecteur que j'ai été moi-même sur la pente du découragement, tant était grand le dégoût que m'inspiraient des insinuations aussi méchantes que superficielles ; et peu s'en est fallu que la première série de *Nos Médecins bordelais*, ne fût en même temps la dernière.

Mais quelle est l'existence qui n'a pas eu ses instants de faiblesse ? Dans ces cas, on ne doit rien casser, rien froisser : il faut se recueillir. Et si la conscience dit : *Marche !* on doit lui obéir, parce qu'il n'est rien au-dessus de la conscience.

J'attends encore celui qui doit me dire en face « que j'ai outrepassé mes droits d'écrivain, que ma plume a fait abnégation de toute dignité !... ». et je laisse au lecteur le soin de donner au mot : « *Il a baissé !* » l'interprétation qui lui convient réellement ; mais je veux relever moi-même une autre expression que je ne puis accepter.

Quelques médecins sont allés chez mes libraires exercer leur forfanterie, et là, d'un ton sarcastique, se sont écriés : « *Il a eu peur !* »

Peur de qui et de quoi, s'il vous plaît ?... Non, non, Messieurs la peur est inconnue là où vous lui attribuez un domicile. La peur peut être la compagne des lâches et des coupables : chez nous elle n'a pas de prise... Mais il est un alambic supérieur au Code, vous le savez bien : il se nomme Athènes ; son domaine est le monde, et son origine se perd dans la nuit des temps, parce qu'il est immortel !...

Ceci dit, il ne reste plus qu'à faire des vœux pour que la législation qui régit la presse actuellement soit promptement réformée. Je demande qu'il soit créé des lois d'une extrême sévérité pour les auteurs qui s'aviseraient de commettre de trop grands écarts de plume ; que les signatures de fantaisie pour tout écrit sérieux soient frappées d'une forte amende ; que la responsabilité de l'imprimeur soit entièrement dégagée en quoi que ce soit ; — car, tant que les noms de fantaisie auront cours, tant que deux têtes répondront du produit intellectuel d'une seule tête, on ne peut s'attendre qu'à voir fleurir partout l'hypocrisie et l'idiotisme, au détriment d'une stimulation des plus morales, de ce sentiment de la dignité personnelle qui doit chasser les moutons de Panurge des écuries d'Augias et ouvrir la carrière de l'émulation à toute idée, à toute création littéraire.

En attendant, lecteurs, la réalisation de ces vœux, j'ai l'honneur de placer sous vos yeux la troisième série de *Nos Médecins bordelais*.

Bordeaux, 18 novembre 1878.

NOS

MÉDECINS BORDELAIS

EN 1878

M. Henri GINTRAC

Le docteur Henri Gintrac est professeur de clinique interne à la nouvelle Faculté de médecine de Bordeaux.

J'ai dit dans les *Bordelaises et Bordelais en 1878*, à l'article des Académiciens, que feu M. Gintrac père était docteur-médecin, académicien, appartenait à la Légion d'honneur et avait été directeur de l'École de médecine, pour citer M. Gintrac fils comme docteur-médecin, académicien, chevalier de la Légion d'honneur et directeur de l'École de médecine, — et arriver à cette conclusion : « Tel père, tel fils. »

On a compris que je parlais surtout au point de vue de la forme.

Au fond, il y a une énorme différence entre le père et le fils.

On sait que la notoriété de feu Elie Gintrac prit sa source abdominalement à la citadelle de Blaye.

M. Gintrac père avait reçu du gouvernement la délicate mission de faire un rapport sur la situation de la duchesse de Berry. Était-elle enceinte, *oui* ou *non* ? La réponse avant la solution naturelle du problème était importante pour la nouvelle dynastie... La jeunesse légitimiste criait à la calomnie ! à l'infamie !...

Le docteur préposé à la visite du noble abdomen fut-il prophète ?... Dit-il *oui* au ministère Thiers et *non* aux notabilités du parti légitimiste ? Ce qui est certain, c'est que celui-ci s'enferra en criant : *Calomnie!* même à la veille de la délivrance.

Le gouvernement combla de faveurs le docteur Elie Gintrac, lequel acquit une autorité et une prestance qui l'ont enveloppé dans son cercueil, malgré la traversée opérée sous les différents régimes qui se sont succédé.

M. Gintrac père, dont le port avait un cachet particulier, n'indiquait cependant qu'une prestance on ne peut plus bourgeoise.

Quant au fils, c'est le type de la bourgeoisie campagnarde dans toute l'acception du mot.

Il est petit, gros, boulot ; sa démarche est loin d'être gracieuse ; il balance ses bras comme pour essayer de gagner en hauteur, et il possède un tic assez original : c'est de relever à chaque instant sa culotte, qui semble subir l'influence attractive des pavés de la rue. Et pourtant notre docteur, à l'instar de son collègue le docteur Mabit, ne porte guère que des culottes courtes ; mais le *court* subit les lois de la pesanteur aussi bien que le *long*, et combien de fois les encoignures formant angle rues du Parlement-Sainte-Catherine et Sainte-Catherine ont-elles été les témoins muets du *relevage* de culotte du plus bourgeois des docteurs bordelais !

> Un jour qu'il avait dans sa panse
> Des mets issus d'un fin dîner,
> Pour mettre son ventre en aisance
> Il voulait toujours relever
> Son pantalon, assez docile
> Aux goûts du ventre et de la main ;
> Mais tout cela chauffait la bile
> D'un bouton qui tomba soudain...
> On voit d'ici quelle posture !
> Le docteur plia le genou...
> Auriez-vous, par aventure,
> Trouvé le bouton de Billou ?...

M. Henri Gintrac paraît avoir hérité de la toute-puissance paternelle dans ce qui est des affaires propres de la grande famille médicale. On dit même qu'il fait bon être son ami en tant que médecin, et que sa taille et ses bras s'allongent suivant les besoins et suivant les circonstances. Au fond, cependant, il n'est pas méchant et il ne lui viendra jamais à l'idée de dire : « Je veux que l'on tremble en me voyant ! »

Quoique regardé comme clérical, — peut-être parce qu'il est médecin de l'Établissement des Jésuites, et des Grand et Petit Séminaire, dont il a été l'élève, — M. le docteur Henri Gintrac est en odeur de notoriété scientifique auprès du ministère actuel. Son opinion fait loi en matière d'organisation enseignante.

L'honorable professeur de clinique interne à la Faculté de Bordeaux est reconnu comme un excellent praticien. Il est en possession d'un savoir très-étendu et d'une capacité incontestable, — ce qui ne peut surprendre ceux qui connaissent les rudes travaux et les incessantes recherches auxquels le père Gintrac astreignait son fils ; — mais je doute que les fatigues de la chaire puissent convenir à son tempérament et à son caractère actuels.

Quant à l'énorme différence existant entre le père et le fils, elle consiste dans des faits indiscutables : M. Elie Gintrac travaillait pour la science, toujours pour la science, et quelquefois au détriment de l'humanité ; — M. Henri Gintrac a rendu surtout des services à l'humanité, qui doit toujours figurer en première ligne sur le chemin que la science veut ou doit parcourir.

M. DENUCÉ

Quoique n'ayant voulu m'assujettir à former aucun classement ni rang de taille dans ma galerie des docteurs bordelais, on a dû remarquer que j'ai toujours placé en tête de mes séries les personnages le plus en renom de la corporation.

Après M. Mabit vient le docteur Charles Dubreuilh au début de la première série des *Médecins bordelais ;* à la deuxième, MM. Azam et Bitot sont bons premiers ; et, dans la présente, je crois devoir mettre en relief le docteur Denucé immédiatement après M. Henri Gintrac.

Ces deux chefs de file sont gros et gras ; mais il en est un qui pèse plus que l'autre, et si M. Denucé sautait dans une balance pour faire contre-poids au docteur Gintrac, on verrait ce dernier sauter à son tour dans la direction d'en haut, quitte à lui de relever sa culotte après l'ascension forcée.

M. Denucé est professeur de clinique externe à la Faculté de médecine de Bordeaux. C'est un homme qui a beaucoup, beaucoup travaillé, et il jouit d'une réputation qui doit être méritée.

Ce docteur, qui était tout à sa clientèle avant sa nomination à la chaire de clinique externe (au détriment de ses élèves), se résignera-t-il aujourd'hui à négliger ses clients pour le plus grand bénéfice des jeunes gens qui veulent entrer dans la carrière sans attendre que leurs aînés n'y soient plus ?

C'est une question bien difficile à résoudre ! On ne peut être à la fois à la cave et au grenier, et l'on peut dire que la majorité des professeurs de la nouvelle Faculté sont dans une situation analogue à celle de M. Denucé, c'est-à-dire qu'ils seront obligés par la force des choses de s'adjoindre, pour les soins à donner à leur belle clientèle, de jeunes docteurs des plus intelligents et des plus capables.

M. Denucé est gris et gros, très-gros même ; il penche un peu de côté : un vieux reste de pleurésie en serait cause, paraît-il. Son crâne a l'aspect du genou d'une vieille de sa trempe ; mais ce crâne est fortement trempé.

Notre professeur, qui est d'une taille de tambour-major, quitta dans le temps la capitale pour venir concourir à Bordeaux. Il s'agissait d'une place de chirurgien ordinaire. Il fut battu par le docteur Soulé.

Plus tard, à la mort de M. Chaumet, M. Denucé fût nommé professeur de clinique, sans avoir besoin de concourir à nouveau. On prétend qu'il était alors dans la manche du recteur, et ces manches devaient être de taille, car il fallait de l'étoffe pour loger un tel protégé !...

Lorsque M. Denucé arrive auprès d'un malade, il pousse un gros soupir, comme quelqu'un qui se trouve prêt à succomber sous un poids qui l'oppresse : le poids de la science par exemple ou celui des exigences d'une clientèle de première catégorie. Il est vrai qu'il y a un peu de l'un et de l'autre dans le soupir mathématique lancé dans le vide par le docteur Denucé à chaque stationnement.

> Gros docteur, soupirez encore
> Près du bourgeois ou du baron ;
> Soufflez du couchant à l'aurore,
> Et narguez le qu'en-dira-t-on !

A propos du qu'en-dira-t-on ! il paraîtrait que M. le docteur Denucé a fait preuve jadis d'un libéralisme de première marque.

Presque au début de son installation à l'Hôpital en qualité d'adjoint, et le titulaire absent, il fut appelé à faire une opération assez épineuse : il s'agissait d'extraire une tumeur cancéreuse située à la partie la plus délicate et la plus essentielle d'un sujet du sexe féminin. Quand le Dupuytren moderne eut accompli son œuvre, la patiente était dans une telle situation physique que désormais elle portait sur elle cet avertissement formel : « *La reproduction est interdite !* » qui figure en note au bas de la première colonne de certains romans de prix.

Ce n'est pas là le cas d'appeler « un chat un chat », mais je dirai que le jeune opérateur avait tout enlevé !

La valeur qui attend le nombre des années est peut-être supérieure à l'autre... en médecine. Aujourd'hui, M. le docteur Denucé est chevalier de la

Légion d'honneur, et il n'est plus imbu de ce libéralisme à outrance dont il a fait preuve jadis : ainsi que je l'ai déjà dit ailleurs, il tient avec M. Bitot la première place parmi les praticiens dont s'honore notre cité.

M. MOUSSOUS

On sait que, par une sorte de fatalité, M. le docteur Labat descendait dans la tombe au moment où le *Journal officiel* annonçait sa nomination de professeur de clinique d'accouchement à la Faculté de Bordeaux, et l'on sait également que c'est le docteur Moussous qui comble le vide laissé par la mort de l'ancien professeur à l'École préparatoire de médecine et de pharmacie.

M. Moussous est un docteur gros et gras, qui *pratique* toujours en voiture ; il n'a pas l'air de se mêler trop aux mouvements des ardents et des impatients. Il est, du reste, assez sceptique, et il voit marcher le pauvre monde d'un œil assez indifférent.

C'est un médecin de la *haute*, qui ne connaît guère la clientèle inférieure ; c'est un homme d'esprit du genre voltairien, discutant d'une façon caustique, comme il l'a prouvé dans le temps à l'occasion de l'éternelle question Brochard, — la question des nourrissons.

Celui qui a prétendu que le tabac est un *poison lent* avait peut-être pour objectif le docteur Moussous.

En effet, il est assez rare de trouver le professeur

d'accouchement sans qu'il soit en accointance avec le végétal dont le célèbre Nicot a gratifié l'humanité.

D'aucuns prétendent que M. le docteur Moussous, qui doit avoir du sang créole dans les veines, fume en dormant. A coup sûr, jamais on n'obtiendra sa collaboration pour arrêter les désastres produits par le tabac. S'il était prêtre, il fumerait pendant la célébration de la messe, comme certains curés espagnols.

Je ne sais trop si l'*abbé* Moussous aurait la manie de la moralisation quand même, mais je suis certain que le *docteur* Moussous n'a jamais occasionné de mal à personne, et qu'en fait de moralisation il laisse chacun se moraliser à sa guise.

M. Moussous est chevalier de la Légion d'honneur. En fait de dévouement professionnel qui lui ait valu la croix, je n'aperçois guère à l'horizon qu'une ambulance datant d'une époque des plus mémorables dans le cœur des bons Français.

Après tout, une croix qui a pris sa source dans une ambulance est aussi bien assise que celle qui a pour base les cornes d'une génisse à vaccin !

On connaît la réponse de Vespasien à son fils Titus, à propos de pot de chambre : « *Les croix, mon fils, n'ont pas d'odeur !* »

Tout est bien qui finit bien.

Avant de quitter M. le docteur Moussous, je tiens à le féliciter sur la manière dont il s'est conduit à l'époque où il était question de faire *coffrer* l'auteur de *Nos Médecins bordelais*. Il a agi en homme, alors que quelques-uns de ses collègues agissaient en grands enfants ; et lorsqu'il prononçait ces mots : « Nous sommes quand même des hommes publics ! » il sortait de la routine pour rentrer dans la logique.

Merci de sa franchise, et mes souhaits sincères pour sa réussite dans les fonctions délicates qui lui ont été confiées !

Je sais tout ce qui se passe dans la place assiégée, et je ne saurais trop répéter qu'il y a des exaltés et des insulteurs dont il faut se méfier !...

M. MÉTADIER

Pour ressembler à un toucheur de bœufs, M. Métadier n'aurait qu'à mettre sur ses épaules une blouse bleue et sur sa tête une casquette à côtes de melon, et du diable si l'on soupçonnerait dans un personnage accoutré de la sorte l'étoffe d'un licencié ès sciences naturelles! Quelles épaules et quelle encolure !... On n'entendra jamais dire que ce docteur a reçu la moindre chiquenaude de la part d'un de ses confrères, s'appelât-il Vergely ou Laclaverie!

M. le docteur Métadier, qui porte toute la barbe et une tête de tribun, est un Limousin pur-sang. Il est né à Limoges même, la ville aux poteries. Il fait partie de toutes les Sociétés médicales et scientifiques du département, mais il est loin d'en être le membre le plus zélé et le plus assidu. Il a remplacé M. le docteur Henri Gintrac dans les fonctions de médecin des épidémies.

Alors qu'il était conseiller municipal, M. Métadier a présenté divers rapports au Conseil sur l'enseignement, notamment celui qui avait trait à la création de la Faculté mixte de médecine et de pharmacie. C'est sur ce rapport, on se le rappelle, qui concluait à la modeste dépense de quelques centaines de mille francs, que le décret établissant une Faculté de médecine à Bordeaux a été rendu.

Je n'ai pas besoin d'appuyer ici sur le rôle que joua depuis, sous l'empire de l'ordre moral, M. l'inspecteur Chauffard ; je dois dire simplement que le Conseil aurait dû repousser l'*ultimatum* du *père de son fils* ; car d'un sacrifice peu important pour la ville de Bordeaux, il arrivait à lui rendre obligatoires des dépenses considérables qui n'étaient en rapport ni avec les intérêts ni avec les ressources de la cité !

M. Métadier est conseiller général pour le premier canton de Bordeaux. Il ne lui manque que l'*aplomb* d'un Raynal pour briller parmi les honorables qui constituent l'assemblée départementale. Mais le docteur-conseiller est plutôt timide que hardi, et il faut qu'il y soit absolument poussé pour qu'il se décide à prendre la parole. On peut affirmer, dans tous les cas, que sa ligne politique a été toujours irréprochable : pas de votes douteux ni de défaillances. Ses travaux dans la Commission d'administration ont été toujours présentés au Conseil général sous une forme étudiée et correcte, preuve évidente de l'étude consciencieuse que l'élu du premier canton apporte dans les dossiers importants qui lui sont confiés.

M. Métadier vit très-retiré et très en dehors de la Compagnie médicale ; si retiré, que, sans la discussion récente — dont les colonnes de la *Gironde* ont eu à supporter une large part — où il était en contradiction avec deux de ses confrères, MM. le remuant Vergely et le soporifique Dupuy, je n'aurais peut-être pas songé à le sortir de sa retraite pour le placer dans ma troisième série des *Médecins bordelais*. Mais l'homme propose et les événements disposent. Ce qui est certain, c'est que la discussion dont je parle a mis la plus grande partie du corps médical et le public tout entier du côté de M. Métadier.

Tout le monde connaît l'hospice général de Pellegrin et la variété des services hospitaliers qui y sont installés. Au nom du Conseil général, M. Métadier a prétendu que la création d'un hôpital pour les maladies contagieuses dans un local de cet établissement ne pourrait aider à atteindre le but désiré, c'est-à-dire le développement de son Ecole d'accouchement et de la Maternité, — et il ajoutait accessoirement que le service des enfants trouvés ne serait pas dans toutes les bonnes conditions désirables.

Le simple bon sens, entêtement à part, n'indique pas autre chose.

Ce qu'on peut dire du docteur Métadier, c'est que, placé comme il l'a été avec des titres incontestables au milieu de la docte Société bordelaise, il n'occupe cependant aucune fonction médicale administrative salariée. Il faut dire également que sa participation active à la politique proprement dite n'a pu que lui nuire dans le parcours de la route scientifique qu'il avait entreprise et où ses premiers pas faisaient présager le plus heureux voyage.

En 1870, M. Métadier fut attaché au 31e de ligne

en qualité d'aide-major, et il fut ensuite médecin-major d'une des légions mobilisées de la Gironde ; il a largement payé de sa personne pendant la période néfaste de 1870-71.

J'ai dit que c'était sur un rapport de M. le docteur Métadier que la Faculté de médecine de Bordeaux avait été créée, à la suite de démarches des Commissions spéciales envoyées auprès de M. Thiers et desquelles il faisait partie. Je dois ajouter qu'avec des titres au moins égaux à ceux de la plupart de ses confrères, M. Métadier n'a pris aucune part à cette curée représentant le gâteau que ses mains avaient aidé à sortir du four.

Il n'y a rien de nouveau sous le soleil, dit-on. Et M. Métadier serait bien naïf s'il supposait qu'il existât à Bordeaux des personnages autorisés capables d'aller tirer de leur retraite les hommes qui foncièrement ont le plus de droits aux emplois et aux dignités !

Depuis le commencement du monde, sous tous les régimes, les places sont en général pour ceux qui se démènent pour les avoir comme se démènerait le diable dans un bénitier. Ce n'est pas à l'époque bâtarde où nous vivons — qui s'appellera un jour le *siècle de ruolz* — qu'il peut en être autrement, et j'ai de puissantes raisons pour croire qu'il en sera longtemps ainsi.

Je ne veux pas *lâcher* M. Métadier sans lui donner un conseil :

Docteur, vous n'avez pas d'aplomb, je vous l'ai déjà dit. Croyez-moi, sortez de l'ordinaire, faites parler de vous!....Tenez! une idée qui m'est suggérée par de joyeux groupes qui passent dans ma rue, à l'instant où je vous *croque,* se dirigeant vers les Quinconces : que ne profitez-vous des derniers jours de notre foire pour compléter votre éducation et tâcher d'acquérir ces petits talents dont tant de vos confrères bordelais nous donnent des preuves? Que diable! soyez vous-même, au besoin, et plutôt que de jouer ce rôle de violette qui ne vous va pas, enlevez votre public par une de ces luttes à main plate qui nous rappelleraient les beaux jours des Milhomme, Bernard, Arpin et consorts, que vous feriez facilement oublier!

Bonne chance si ces moyens vous conviennent, et si vous ne me dites pas « *Merci!* » tant mieux pour vous!...

M. SARRAMÉA

M. le docteur Sarraméa est un des anciens protégés de feu Girard, le fondateur de la *Caisse de secours*. C'est le premier bachelier sorti du collége ecclésiastique de Bazas. Aussi s'est-il empressé d'assister au banquet dont quelques anciens élèves de ce collége avaient été les promoteurs.

Cette éducation première de M. Sarraméa lui a fait contracter des amitiés dans le clergé, amitiés qui lui ont été très-utiles. Lorsque S. Em. le cardinal Donnet renonça à l'homœopathie — ce qui m'étonne, c'est que ce prince de l'Église ait eu un seul instant confiance aux boulettes des homœopathes ! — il rappela le docteur Sarraméa.

La cure d'un anthrax dont était propriétaire l'illustre prélat valut à notre praticien un degré de plus de notoriété. C'était un véritable bon point. Il est juste de dire aussi qu'il a été de tout temps initié à bien des incidents survenus au palais archiépiscopal, en sorte qu'il doit y être regardé comme un ami intime pour lequel il n'est point de secrets.

M. Sarraméa n'est pas méchant, mais il est indolent. Il ne possède pas précisément le feu sacré de l'amitié — il connaît son Aristote ! — du moins quand cette amitié ne peut plus lui être utile. Lorsque son lit est fait, il n'a pas dans son esprit d'inquiétude relativement à la couche où les autres doivent s'étendre plus ou moins mollement.

Le docteur de la rue Beaubadat a essayé — qui sait combien de fois ? — de faire établir à Arcachon une institution pour les enfants scrofuleux, rachitiques ou simplement un peu trop lymphatiques ; il a même rassasié les Sociétés savantes de ces projets sans avoir eu la satisfaction de réussir.

Il a, de plus, la prétention de combattre un courant assez fort dans la corporation médicale : celui qui porte vers le pays inconnu de la libre pensée, c'est-à-dire la doctrine qui consiste à éliminer toujours et à restreindre de plus en plus le domaine de la foi en quoi que ce soit.

M. Sarraméa est chevalier de la Légion d'honneur. D'aucuns prétendent que c'est par la grâce du Saint-Siége, opinion qui me semble un peu hasardée. A ce sujet, je dois cependant signaler un épisode qui a eu pour théâtre la gare du Midi :

C'était par une journée assez altérante, et la poussière, qui d'habitude ne raisonne pas, se frayait un passage un peu partout, même sur les épaules sacrées. Monseigneur Donnet en était tout couvert; ce que voyant, le docteur Sarraméa tira son mouchoir de sa poche et le mit en mouvement pour débarrasser les épaules ultramontaines que l'intruse avait assaillies avec un sans-gêne et un sans-façon qui indiquaient clairement qu'elle agissait sans discernement.

Ce n'est pas tout. Pendant que le docteur passait son mouchoir sur les épaules de Son Éminence, un personnage qui se trouvait déjà installé dans un coin de wagon s'écriait :

« Cet acte vaut bien un ruban ! »

Je dois dire en terminant que les services publics rendus par M. Sarraméa sont supérieurs à ceux dont se font une gloire certains de ses *étoilés* confrères : il a soigné les déshérités de la fortune, au milieu de ses autres clients, avec une conscience à la hauteur de son désintéressement !

M. SALVIAT

Connaissez-vous le docteur Salviat? Vous allez peut-être répondre : Non !

Eh bien ! le docteur Salviat a été jeté au milieu du corps médical en 1844. Il a vécu depuis dans l'humilité la plus exemplaire... sauf l'événement mémorable qui le jeta au milieu... des commissionnaires pelleportiens.

Le vicomte-maire en a fait de belles dans son temps ! A-t-il agi en écolier, ce pauvre homme ! Il frappait à toutes les portes pour former sa collection de portefaix de bande. Le proverbe « Qui se ressemble, s'assemble ! » n'est point un proverbe en l'air. Le sang appelle le sang, la nullité appelle la nullité... administrativement parlant, bien entendu. Sachons donc comprendre une situation et connaître notre valeur réelle. Les Montalier, les Salviat, les Jabouin et *tutti quanti* avaient à peu près des qualités pour faire des conseillers municipaux comme je possède celles utiles pour faire un évêque, même *in partibus infidelium !*

Espérons que ces messieurs ont eu connaissance depuis de la fable *la Carpe et les Carpillons*, et qu'ils ne le feront plus !

M. le docteur Salviat doit appartenir à quelque

Congrégation. (Ça lui valait un bon point aux yeux du chef des arrimeurs municipaux.) Néanmoins, cette apparition éphémère dans l'agitation politique ne l'a pas fait sortir de sa profonde obscurité.

Ce praticien a longtemps servi ou desservi la Caisse Girard en compagnie de certains de ses collègues. Il est mince, grêle, pâle, et il trouverait assurément à *Tivoli* — établissement où il est connu — des honorables qui l'emporteraient dans la balance!...

Il mourra très-certainement... muni des sacrements de l'Église, et il sera inutile d'aller à son enterrement prier pour le repos de son âme; car s'il n'est pas *sauvé*, comme son nom l'y prédestine, c'est à désespérer du salut de chacun de nous, qui laissons trop les confessionnaux à la merci des âmes pieuses de la cité!

Le docteur Salviat a-t-il inventé la poudre... médicale contre le rhume de cerveau ou contre le trouble de l'estomac? C'est ce que l'on ne sait pas... Son nom ne sera peut-être jamais inscrit au Temple de Mémoire; quant au Temple... de la prière, je sais qu'il y est très-connu de tous ceux qui ont la bonne pensée et la salutaire habitude de le *fréquenter fréquemment*.

Chacun son goût en ce monde : les uns prient, les autres chantent ou font de la poésie, de la galvanoplastie, voire même des études où la *diversion* tient une bonne place!

Et dire que M. le docteur Salviat travaille pour gagner le ciel! Heureux homme! Il aura pour compagnons dans l'autre monde les Piéchaud, les Mourgue, les Levieux, les Laclaverie, les Mabit, les Le Barillier, les Montalier, les Marx, les Lamarque, les Lafargue, les Demons, les Oré, les Dubreuilh, les Dupuy, les Azam, les Vergely, les Pater, les Noster... et toute la bande médicale depuis le centaure Chiron jusqu'au père Loubet !

Ainsi soit-il !...

M. PIÉCHAUD

Dieu! que j'ai ri en lisant les *Contes balzatois* de J. Chapelot. Dans le *Rêve de Cadet-la-Belotte*, dédié à l'éditeur parisien Ernest Leroux, on trouve ce passage désopilant :

« J'entre (en enfer) et je les vois, nos pauvres
» médecins bordelais. Je voulus me reposer un peu,
» et j'allai m'asseoir sur un vieux fauteuil vermoulu
» qui se trouvait derrière une porte toute vermoulue
» elle aussi. Je ne fus pas plus tôt assis, bonnes gens!
» que je vois arriver un méchant diablotin qui m'a-
» juste avec une vieille fourche de fer à trois brins
» et toute rouge, en me criant :

« — Veux-tu ben t'outé de tieu fauteuil, toé, grand
» vaurien ; o l'ée la piace de M. Piéchaud!... »

Nous avons donc affaire à un diablotin natif de Balzat, et nous sommes en enfer.

Tous les médecins bordelais sont dans une vaste fournaise, au plus profond de l'abîme. Non loin d'eux se trouvent tous les avocats, tous les notaires, tous les épiciers et tous les sacristains que Bordeaux a nourris jadis.

Messire Satanas arrive en personne en ces parages. Le diablotin pays de Chapelot lui rend les honneurs, et la tournée vengeresse commence.

Le chef, armé d'un énorme trident, s'arrête devant un docteur à l'allure superbe et l'aiguillonne haut la main. Le docteur demande grâce.

« Ah! ah! s'écrie le maître de céans, la grâce est un légume dont les racines ne s'accommodent pas ici. Tu en as fait de belles, Monsieur le Docteur, dans ton temps! Te rappelles-tu cette jeune femme qui se mettait sur son balcon tous les jours, à la même heure, avec un poupon en chair et en os sur les bras?...

— Oui, je me rappelle!

— Alors, remise à huitaine pour une autre correction. »

S'adressant à un docteur à l'œil fauve : « Et toi, dit le grand Diable, te souviens-tu de cette pauvre jeune femme que tu avais eu le talent de magnétiser? Tu l'as rendue folle! Les bons de bain dont elle te gratifiait en sont la preuve... Et ces malades que tu as assassinés scientifiquement, parce que, dans ton orgueil insensé, tu préférais te lancer dans des essais coupables que d'avoir recours aux lumières de tes confrères plus expérimentés et plus capables que toi! Tu n'es qu'un gredin que je veux tancer journellement, et d'importance!... »

Sur ce, l'échine du malheureux faisait accointance avec le trident vengeur du plus terrible des dieux.

Continuant sa tournée, messire Satanas, après avoir fait saigner bien des omoplates, s'arrête devant un grand docteur qui cherche à se dissimuler :

« Ah! te voilà, s'écrie-t-il d'un air de satisfaction

en s'adressant au personnage de haute stature ; approche un peu que je te larde !... (Ici, coup de trident dans la poitrine.)

— Aïe ! aïe ! aïe !...

— Ah ! oui, gueulard, tu ne criais pas si fort jadis en certaine circonstance... Vous l'avez bien arrangée, cette pauvre reine, dans votre expédition :

> Mais la redingote était mûré :
> Elle reçut l'accroc du clou...
> Combien ignorent l'aventure
> De certains boutons de Billou ! »

Après ces vers arrivait la prose, c'est-à-dire une volée de coups de trident.

Et messire Satanas avisant M. Piéchaud :

« Ah ! te voilà ! » s'écrie-t-il. Et il brandit son arme terrible.

« Mais qu'ai-je donc fait? implore Piéchaud. N'ai-je pas toujours été respectueux envers tout le monde? J'ai fait même des courbettes. N'ai-je pas salué tous les prêtres que je rencontrais dans les rues, ceux-là même qui passaient sur le trottoir opposé à celui sur lequel je marchais ? N'ai-je pas?...

— Ta ! ta ! ta !... assez, assez, assez! mon vieux ; connu, connu ! »

Et le trident était là menaçant.

Tout à coup arrive en dansant sur des braises un petit docteur, maigre, sec, qui s'arrête devant le grand Diable en exécutant un entrechat.

« Ah ! te voilà, crapaud ! » lui dit le Diable.

Et le docteur Lamarque — car c'est bien lui — répond :

> Arrête en ce moment ton superbe courroux ;
> Aux docteurs bordelais épargne quelques coups !
> Dans ce maudit enfer, où le péché m'enchaîne,
> Je rencontre Piéchaud dont l'âme est fort en peine.
> C'est moi qui suis Lamarque au folâtre cerveau !
> Sans être Nélaton, encore moins Velpeau,
> Je suis original, franc rieur ; mais, en somme,
> Si je suis tout petit, je n'en suis pas moins homme !
> Arrête ! arrête !, arrête ! ô superbe Satan,
> Ta fourche vengeresse, et pardonne à l'instant !

Alors le maître des enfers et le diablotin balzatois, son suppôt, s'écrient : « A demain les affaires ! » et ils disparaissent dans une bouche enflammée.

Nous pouvons donc revenir sur la terre.

M. le docteur Piéchaud est un homme à la mine équivoque, à la marche empesée. Il porte un chapeau à larges bords qui cache presque ses oreilles et masque ses yeux. Mais on prétend qu'il aperçoit quand même ceux qui passent à quelque distance de lui. Il doit être clérical, car il professe un culte pour tout ce qui porte robe noire. Les saluts empressés dont il honore tout prêtre passant à ses côtés — qu'il le connaisse ou non — ne sont point sans signification.

En effet, en approfondissant, on trouve toujours un prêtre jouant un rôle actif auprès de M. Piéchaud aux époques les plus solennelles de son existence.

Notre docteur, dans ce cas, ressemble à ceux qui

subissent les influences qu'imposent des nuées de souvenirs.

M. Piéchaud peut être placé dans une des escouades de gauche à la Compagnie bordelaise formée par les docteurs. Ce qu'il a fait de mieux, c'est de mettre au monde deux fils, deux travailleurs infatigables qui ont déjà fait leurs preuves, et qui ne peuvent manquer de mettre un jour en relief le nom qu'ils portent tout en honorant la science à laquelle ils se sont voués.

M. LOUBET

Je ne sais trop si M. Loubet est fataliste ; mais il n'a qu'à examiner de près quelques-uns des événements liés à son existence, et il verra le rôle qu'ils ont joué. Quant à moi, je suis persuadé que, sans l'accident qui le força à avoir recours aux docteurs de l'Hôpital pour le pansement d'une de ses mains, il n'aurait jamais été médecin. Ici peut s'appliquer le proverbe : « A quelque chose, malheur est bon ! »

M. Loubet était relieur quand survint l'accident dont je viens de parler. Son heureux caractère et un penchant prononcé firent qu'il devint par la suite élève à l'hôpital Saint-André, où il sut s'attirer l'estime des chefs et l'amitié du personnel médical. Insensiblement il se glissa — comme aurait pu le faire un de ces petits lézards gris surnommés *sangognes* qu'il savait apprivoiser, — il se glissa, dis-je, insensiblement à l'École de médecine pour s'y livrer à la préparation des pièces anatomiques et pathologiques.

Il fut si heureux dans ces travaux préparatoires, pour lesquels il montrait autant de goût que de zèle, que M. Brulatour, frappé de telles aptitudes, obtint pour lui des inscriptions gratuites d'où résulta sa nomination comme officier de santé.

Livré à la pratique, M. Loubet déploya nuit et jour une énergie remarquable. A son début, on parlait beaucoup dans le public des cures merveilleuses obtenues grâce au procédé Le Roy. Notre débutant prescrivit ce remède à outrance, et tel était son chauvinisme à l'égard de ce purgatif, que si les fournisseurs n'avaient pu suffire à la besogne, il se serait mis à l'œuvre pour concourir *de manu propriâ* à la fabrication.

En définitive, le système médical de M. Loubet est assez simple : pommade du *cordonnier* pour les plaies ; purgatif végétal pour les maladies intérieures ; tisanes dépuratives pour corriger les humeurs ; diverses plantes et cataplasmes pour toutes les tumeurs cancéreuses, fibreuses, etc.

Avec un arsenal thérapeutique aussi simple, c'est-à-dire où figurent les simples, notre praticien a su s'acquérir une certaine réputation. Pour être impartial, je dois dire que des personnes de ma connaissance m'ont affirmé n'avoir eu d'autres secours que les soins de M. Loubet pendant la durée des graves maladies qu'elles avaient eu à supporter.

Du reste, le praticien de la rue Lalande est connu de tout Bordeaux. Il porte cravate blanche, redingote noire, gilet noir ; il est toujours rasé. Quoique un peu voûté en avant, il ne marche pas à proprement parler : on peut dire qu'il *court* ou *sautille* dans la rue. Les herboristes gagnent plus avec lui que les pharmaciens, et M. Lamarque est à peu près le seul docteur qu'il accepte en consultation, sans doute en souvenir des soins que ce confrère lui a prodigués jadis dans une circonstance assez critique.

Quoi qu'il en soit, le père Loubet, surnommé *Loup*, n'a pas l'air de trop se préoccuper des événements qui pourront se produire dans la vallée de Josaphat. Il prend le temps comme il vient, tout en se payant le luxe d'un chalet à Arcachon, ni plus ni moins que nos grands seigneurs bordelais, républicains ou autres :

> Nous n'avons qu'un temps à vivre :
> Amis, passons-le gaîment !
> Que celui qui doit le suivre
> Ne nous cause aucun tourment !

C'est de la haute philosophie ; mais la philosophie n'efface point complètement les effets du souvenir.

Je ne veux pas quitter M. Loubet sans parler des soins, à tous égards méritoires, qu'il a multipliés au sein de sa famille, et il me plaît de signaler la perte cruelle qu'il a eu à supporter dans la personne de son fils, moissonné à la fleur de l'âge, à son premier voyage, pendant qu'il tenait l'emploi d'aide-major dans la marine.

Certes, il m'en coûte de rouvrir une plaie qui ne peut se cicatriser ; mais j'éprouve le désir de faire revivre dans ma galerie des *Médecins bordelais* la mémoire de l'aide-major Hector Loubet, jeune homme plein d'avenir, mort au moment où les plus beaux horizons d'espérance s'entr'ouvraient devant lui!...

Je sais d'avance que les larmes occasionnées par cette conclusion me seront pardonnées : elles appartiennent à la catégorie de celles qui honorent un souvenir, et dont on a dit :

Pleurer fait tant de bien !

MM. GARAT et DURAND

Ils doivent être inséparables dans cette galerie, puisqu'ils sont inséparables au feu... comme médecins-majors du bataillon des sapeurs-pompiers.

Nos deux compagnons d'armes système Lobau-Mouton sont loin de faire doublure à MM. Castor et Pollux. Cependant, en dehors des sinistres, ils se trouvent encore ensemble au pied du même mât de cocagne chaque fois qu'il y a une timbale à décrocher... à la fête de Nanterre !

Encore s'il y avait deux timbales au haut bout ! mais il n'y en a qu'une. De là, la difficulté. Il faut que l'un d'eux succombe, comme il est arrivé autrefois au pauvre docteur Gergerès, qui fut écrasé par une muraille alors qu'il remplaçait son collègue... et celui qui avait eu la salutaire pensée de se faire remplacer eut la timbale, vu qu'il ne pouvait en être autrement.

Je vais dépeindre nos deux docteurs l'un après l'autre, sans essayer d'enlever le brillant casque de cuivre qui protége leur rare chevelure contre le feu... du soleil, les jours de parade militaire sous les yeux d'un chef illustre et du peuple assemblé.

Le docteur Garat, froid, lent, peu actif, prétend

néanmoins aller à tous les feux avec rapidité, vitesse et précipitation. C'est son droit de le prétendre : bien plus, il peut le croire. Ce qui est plus certain, c'est qu'il est quelque peu épicurien. Il se répand dans le monde — soit entier, soit demi ; — dans les Sociétés médicales, où il prétend avoir beaucoup d'amis dévoués. C'est encore son droit de le prétendre ; mais n'est-ce pas une illusion ?

Le docteur Durand, enfant de Montpellier, est l'incarnation du tempérament méridional : il est ardent, bouillant même, nerveux outre mesure ; on serait presque tenté de croire que le feu des sinistres a surenchéri à l'endroit de l'excitation naturelle.

M. le docteur Durand blanchit à vue d'œil ; mais il sourit d'une façon gracieuse aux personnes qui lui sont sympathiques... Il ne tient pas beaucoup à être dérangé. Il est saccadé dans sa conversation, comme dans sa marche, comme dans ses idées.

Ce praticien vit assez retiré. Il ne fuit ni ne recherche les confrères. Il a tant éprouvé de déceptions ! Nommé docteur avec la rapidité d'un train express, il a dû réparer et restaurer sa première éducation médicale...

Quant à son émule, la science progressive est le moindre de ses soucis. Il a acquis, dès le début, ce qu'il lui fallait... A quoi peut servir d'ailleurs la science transcendante pour soigner la goutte d'un magistrat ou la migraine d'une petite dame ?...

Le docteur Durand porte mieux l'uniforme dans les parades que son frère ennemi. On a entendu, néanmoins, des dames s'écrier, en les voyant passer tous les deux, un jour de revue :

« Comme ils sont bien, ces docteurs ! »

  Mesdames, aurait dit Pandore,
  Mesdames, vous avez raison !...
  . . . .
  Ils s'embarquent pour la Colchyde
  Toutes les fois que nos pompiers
  Lancent des torrents de liquide
  Sur de petits ou gros brasiers.
  Mais quant à ce beau météore
  Que jadis poursuivait Jason,
  Chacun d'eux se demande encore :
  Lequel de nous aura raison ?...

M. VOVARD

On peut appliquer au docteur Vovard la phrase :
« L'esprit et le cœur se reposent avec satisfaction, etc., » indiquée à l'article concernant M. le docteur Segay.

Ce praticien a la réputation d'être bon, loyal, excellent confrère, ni jaloux ni envieux, qualités qui peuvent lutter avec bien d'autres ; mais il se tient plus à l'écart du mouvement médical que le docteur Segay. Il est étranger aux questions professionnelles ; il fait de la médecine à sa façon.

Comme tant d'autres, le docteur Vovard ne sent pas le besoin de tenter les expérimentations qui demandent le parcours des voies nouvelles. Bien plus, il se reporte avec complaisance et satisfaction vers les sentiers déjà parcourus. Ainsi, il est loin d'être l'ennemi ou l'adversaire des remèdes surannés, délaissés par l'esprit de mode. Il a recours aux vieilles formules, à la vieille matière médicale. Au lieu de s'adresser, comme on fait de nos jours, au principe immédiat des plantes, il va aux plantes elles-mêmes, aux simples, comme on les appelle.

Les herboristes doivent recevoir souvent des ordonnances du docteur Vovard, qui ne paraît pas trop mépriser non plus les remèdes de commères :

il écoute celles-ci avec patience et se fait aimer d'elles.

Sa clientèle est très-nombreuse. Si vous l'interrogez sur les malades qu'il doit visiter dans la journée, il vous montre une liste qui dérouterait le praticien le plus actif.

M. le docteur Vovard a toujours porté des lunettes. D'aucuns prétendent qu'il est venu au monde avec cet accessoire. C'est une erreur. La vérité, c'est qu'on lui plaça des lunettes sur le nez dès qu'il se mit en relation avec les mamelles destinées à son allaitement. On voulait sans doute que le petit jeune homme s'habituât à examiner le positif à travers du verre. C'était sage, philosophique et paternel.

Le résultat s'est fait sentir avec le temps. Le nourrisson est devenu tout à la fois philosophe et libéral en diable : c'est par jumeaux qu'il procède, ni plus ni moins.

A propos de visites, il est arrivé une aventure bien amusante au docteur Vovard.

Une bonne gaillarde avait écrit à l'ami de son mari : « Venez ce soir, *il* part en voyage ! » Mais, par suite d'une indisposition subite, l'époux ne partit pas. Alors, deux lettres en furent la conséquence : l'une pour le docteur, l'autre pour l'*ami* du mari.

Or, dans sa précipitation, dans son trouble assez facile à concevoir, la dame commit une erreur de suscription. Le docteur reçut l'avis de ne pas venir parce que le mari était malade. L'*ami* reçut une missive qui le priait de venir soigner le pauvre époux.

Jugez de l'imbroglio !

Le docteur Vovard en a ri pendant longtemps à se tenir les côtes, d'un rire à laisser tomber ce pardessus inséparable compagnon auquel il a tant l'air de tenir ; — il en a ri d'autant plus, qu'à l'opposé de la majeure partie de ses confrères, il ne cultive pas les coups de canif dans le contrat.

Il paraît que ce praticien travaille à une œuvre de longue haleine sur une matière assez peu nouvelle : le rhumatisme !

Ah ! si M. le docteur Vovard pouvait doter la science et l'humanité de quelque chose de neuf et de bon en même temps !

M. BOURSIER

Les femmes laides, dit-on, ont l'avantage d'embellir quand le nombre des années a rempli son office. Sans être femme le moins du monde, le docteur Boursier paraît avoir bénéficié de cette prérogative accordée par dame Nature à ceux qu'elle poinçonne au berceau avec un sans-gêne remarquable et surtout remarqué.

Si vous aviez connu le docteur Boursier il y a vingt ou vingt-cinq ans, vous trouveriez, dis-je, que les années l'ont transformé à son avantage.

Autrefois, on aurait pu croire, à un kilomètre de distance, que ses épaules portaient quelque chose comme une tête de veau.

Actuellement, la charpente osseuse de son visage, sans avoir subi aucune modification, paraît cependant s'éloigner tant soit peu de la particularité qu'on pouvait remarquer jadis. De plus, la blancheur s'est substituée à la rousseur dans la barbe et les cheveux.

M. le docteur Boursier a eu longtemps son domicile rue Ausone, où il avait fait largement connaissance avec les fariniers et les quincailliers de ce quartier, qu'il a délaissé pour un autre beaucoup plus central, où pullulent les hôtels à porte cochère, les maisons de maître, les gros bonnets de la bourgeoisie... et... parbleu ! les médecins... (Partout où sont de bons os, on est sûr d'apercevoir des ombres de docteurs.)

M. Boursier est l'enfant d'une des Charentes, comme plusieurs de ses confrères, les Flornoy, les de Fleury, les Le Barillier, etc.

Au lever du soleil républicain, cet estimable praticien s'est tourné vers ses rayons. Mais les honneurs électoraux ont paru ne pas être d'humeur à sympathiser avec sa personne; détail de peu d'importance pour lui, sans doute, car il n'a pas l'air d'être mécontent. Il n'est pas jaloux des succès de ses coreligionnaires et confrères plus jeunes que lui, et si, causant dans la rue avec quelqu'un, il aperçoit un groupe de notabilités républicaines, il lâche bien vite son homme pour aller serrer cordialement les phalanges de ses amis politiques.

M. Boursier fait voiture comme le premier venu. Quand il marche, c'est à pas comptés; sa mise est soignée, recherchée même, et il paraît tout heureux de la transformation physique due aux rapprochements des années.

J'ai dit tout à l'heure que les épaules de M. Boursier paraissaient porter autrefois une tête de veau. Eh bien ! je dis maintenant : N'a pas une tête de veau qui veut, et il n'est pas d'hommes plus intelligents sur terre que ceux qui possèdent quelque ressemblance avec les honorables animaux. Quand on songe que le plus athénien de nos écrivains bordelais, aussi petit de taille qu'il est grand au fond, a été gratifié par la nature d'yeux de... *sanglier,* on peut juger de l'intelligence de ceux dont toute la tête peut ou a pu servir d'analogie physique dans le sens indiqué !

M. MÉRAN

Avant de s'installer à Bordeaux comme médecin, M. le docteur Méran avait exercé l'art d'Hippocrate dans le Blayais. Il crut devoir quitter ce pays parce que les habitants, alors à demi sauvages, avaient l'air de donner leurs préférences à un simple officier de santé. Ce qui fit qu'un bateau à vapeur porta un beau jour sur nos rives, avec armes et bagages, le docteur Méran que nous avons l'honneur de posséder.

Ce praticien est *médecin* des morts et des enfants naissants. Il donne aux Bordelais leur carte quand ils entrent au théâtre de la vie ; et, quand la représentation est finie, c'est lui qui délivre un *laisser-passer* pour le grand voyage

> D'où ne revient jamais le passager !...

Ce laisser-passer n'a rien de commun avec le *passe-debout* dont il est parlé dans la loi concernant les vins, poirés, cidres et hydromels.

Les journaux médicaux et autres nous donnent depuis quelque temps avec régularité les statistiques médicales de l'état civil. Le docteur Méran doit sans doute y collaborer.

Il a tenu longtemps la plume comme rédacteur en chef au journal *l'Union médicale de Bordeaux*, feuille qui a disparu depuis que la *concorde* s'est établie parmi nos aimables médecins. Pourquoi, en effet, parler d'*union* lorsqu'il n'y a plus *désunion?*

Il semble que la plume du docteur Méran s'est brisée à partir de ce moment où commence l'ère nouvelle qui pourrait prendre le nom de l'an Ier de la confraternité médicale!... Je dois dire aussi que le public donnait jadis pour collaborateur au rédacteur en chef de l'*Union médicale* une femme lettrée, fille d'un ancien avocat, et dont les Mémoires sont promis pour une époque quelconque.

M. le docteur Méran se rend tous les jours, à l'heure réglementaire, à la boîte affectée aux naissances et décès pour y prendre le tiers de la correspondance; car il a deux collègues participant à ces fonctions solennelles, et aucun d'eux ne veut jouer le rôle du lion de la Fable. Les trois parts sont distribuées géographiquement, puis on se sépare en se disant : *Au revoir!*

Le lendemain, on se revoit, en effet, on cause un peu, on fait sa part avant de repartir... et ainsi de suite jusqu'à ce que l'un d'eux, manquant au rendez-vous journalier, l'un des deux autres aille lui signer une de ces feuilles de route identiques à celles que lui-même avait signées jadis par milliers.

Au revoir, mon camarade!
J'irai déguster tes vins
Aussitôt que la *Camarde*
M'aura rayé des humains...

Peut-on dire que cette existence médicale est une existence agréable?... Enfin, tous les goûts sont dans la nature; à ce titre, ils doivent être respectés.

M. le docteur Méran voit pourtant quelques clients, surtout dans les Sociétés, qui se sont habituées à la longue à ses lugubres fonctions. Il serait, dit-on, capable d'autre chose que de chercher le pouls d'un trépassé ou le sexe d'un enfant.

Dans l'été, notre médecin des morts se signale à l'attention des *vivants* par une ombrelle aux couleurs moins sombres que celles du drap mortuaire ; quand on le voit entrer dans une maison, on est tout de suite édifié, et si c'est une des fortes têtes du radicalisme qui se trouve de passage en ce lieu, on est sûr d'entendre cette exclamation :

> Quelqu'un a dû *casser sa pipe*,
> Car voici le docteur Méran !...

Mais on n'entendra jamais dire que le docteur a attrapé une fluxion de poitrine pour avoir couru! Il chemine le plus tranquillement du monde... On naît! c'est bien... On meurt! tant pis !... Voilà l'homme ! Ce doit être un philosophe.

M. FOURNIÉ

Les déménageurs doivent beaucoup connaître le docteur Fournié, qui est né médicalement en 1846.

Il est brun, grisonnant un peu, portant favoris, cultivé dans son extérieur, assez beau garçon du reste, et cependant non marié. C'est un type qui possède son originalité propre, son cachet particulier, ne suivant point la manière de faire à laquelle d'autres s'attachent. Il a sa manière à lui de cultiver la médecine et d'adorer le bon... veau d'or.

Si quelque malade atteint d'une affection longue à traiter, curable ou non curable, se présente au docteur Fournié, voici en substance le discours en trois *points* qu'il lui tient après échange des politesses d'usage :

« Votre guérison, ou votre traitement, vous coûtera tant : un tiers payable en commençant, un tiers après quelque temps, un autre tiers vers la fin de la maladie !... »

On est positif ou on ne l'est pas, et les clients du docteur Fournié s'estiment très-heureux lorsqu'ils peuvent solder de leurs propres mains le fameux *tiers final ;* car le cas pourrait se produire où ce *tiers* ne saurait être réglé que grâce à des tiers.

En donnant ici un aperçu des penchants du docteur Fournié pour la tierce en général et pour les honoraires par tiers en particulier, je n'énonce rien qui puisse le fâcher. Comme je l'ai dit, il ne cache pas sa manière de faire. Et j'ajoute que beaucoup de ses gros confrères, qui sont loin de le valoir scientifiquement, sont autrement exigeants que lui sur le chapitre des règlements !

Il accepte aussi volontiers des billets pour paiement. C'est son droit... Mais certains collègues susceptibles l'en blâment.

Ceci me rappelle que, dans le temps, la Société de médecine refusa d'ouvrir son sein à un candidat qui avait poursuivi un étudiant auquel il avait donné des répétitions et qui l'avait payé par un billet.

L'épiderme de messieurs *les purs* de la médecine est très-délicat. On dirait vraiment qu'ils ne travaillent que pour la gloire ! Une autre fois, ils refusèrent la candidature d'un confrère qui avait eu l'étrange idée de mettre sur ses cartes :

DOCTEUR X.....
Membre de la Conférence de Saint-Vincent-de-Paul.

Il est vrai que l'ostracisme fut retiré plus tard.

Le docteur Fournié passe pour un homme instruit. Il se faisait remarquer jadis par un attelage composé de deux petits chevaux *café au lait* à tous crins. C'est un assidu du Cercle des Régates qui vit en dehors de la confrérie médicale, peut-être par la raison que les tiers n'y sont pas à l'ordre du jour.

> Qui vit de *tiers*, vit d'espérance,
> De positif et de raison ;
> Ce simple mot est pour la France
> Une étoile de prévoyance,
> Une perle dans son blason !...

Pour en finir avec ce praticien, je dois dire que ce qui m'étonne le plus de sa part, c'est qu'il n'ait pas songé à parcourir les rues de la ville dans une voiture traînée par *trois* chevaux !

M. BURGUET

M. le docteur Burguet est fils d'un médecin et petit-fils de médecin du côté maternel.

Tout le monde à Bordeaux connaît ce beau *garçon*, brun, au visage doux, à la voix enrouée, quoiqu'il cultive la spécialité des maladies de larynx. Encore un bon point pour celui qui a dit que les cordonniers étaient généralement les plus mal chaussés !

M. le docteur Burguet conduit lui-même, avec la rapidité d'une voiture à 24 litres, sa calèche découverte, ayant à ses côtés un gros gaillard bien costumé.

Chaque matin — c'est régulier — la voiture du praticien stationne à sa porte à neuf heures précises. La course de la soirée doit se terminer assez tard, et certainement ni le docteur, ni le cocher, ni le cheval ne doivent dîner avant sept heures et demie.

On eut l'idée autrefois d'offrir au docteur Burguet, avec toute la grâce qui est de mise en cette circonstance, une position officielle à laquelle il n'avait point songé : l'inspection sanitaire des exrosières des quartiers excentriques.

Qu'on juge de la stupéfaction et de la colère du docteur!

Imitant Hippocrate repoussant les présents du roi de Perse, il refusa froidement les fonctions dont on voulait l'investir, et, parodiant Mirabeau, il dit au commissionnaire délégué aux offres officielles :

« Allez dire à votre maître qu'il me prend pour un autre. Qu'il cherche ailleurs, il trouvera !... ».

M. le docteur Burguet ne paraît pas avoir d'ennemis dans le corps médical. Il ne se mêle, du reste, à aucune coterie. Il appartient à un groupe bien connu de praticiens : comme la Chambre des députés a son stock de médecins législateurs, le corps médical bordelais a son stock de médecins célibataires. Et je suis persuadé que ce groupe vaut bien les autres! Que dis-je? Il doit leur être supérieur.

On sait que le phylloxérique Lacourrière s'est acharné à la poursuite d'un Burguet. Ce Burguet est le frère de notre docteur.

L'inventeur des chemins de fer à rouleaux est une véritable cuscute lorsqu'il se cramponne après quelqu'un. Espérons que le docteur Burguet n'aura jamais à subir le sort de son frère, et que pas un Lacourrière médical ne s'acharnera après sa mémoire avec une de ces ténacités qui rappellent la vis d'Archimède!

M. LAMÉNIE

M. le docteur Laménie est un enfant du Périgord noir, de ce pays qui produit de fortes têtes et des idiots à profusion. La seringue n'a rien à y voir. On n'y connaît pas de juste milieu. Tout chèvre ou tout chou !

Gageons que M. Laménie connaît de réputation le fameux abbé Combrouse, prêtre-poète-philosophe, et, comme ce dernier, si quelqu'un s'avisait de l'appeler M. *de Laménie,* il répondrait :

> Le *de* serait trop ridicule
> Devant mon nom où tu l'as mis,
> Mais j'accepte la particule
> Pour la truffe de mon pays !...

M. Laménie a commencé par être pharmacien, puis officier de santé, et enfin docteur en médecine. Il paraît se tenir à l'écart de l'agitation corporative, et fait des accouchements autant qu'il peut.

Tous les théâtres de Bordeaux ont le docteur Laménie pour médecin, malgré les convoitises que ce poste excite chez certains confrères, qui ne peuvent pas comprendre leur exclusion, tellement ils sont infatués de leur personne !

On prétend que M. Laménie ne signe plus *Garri-*

gou depuis qu'il a créé un sirop ferrugineux qui porte ce nom.

Il est, du reste, bon confrère, bon mari, bon père, et il serait un excellent garde national si la garde nationale fonctionnait actuellement, ce dont Dieu nous préserve! car, lorsque les gardes nationaux sont en vogue, c'est mauvais signe pour notre politique extérieure ou intérieure.

Je préfère le docteur Laménie imbu de goûts pacifiques, aimant la truffe, par exemple. On assure que, s'il osait, il ordonnerait à ses malades quelques kilogrammes du précieux tubercule qui mit à la torture le cerveau de Brillat-Savarin et le ventre du baron Brisse.

Ce que c'est que d'être de son pays!

> Quand César, le maître du monde,
> En Périgord faisait sa ronde,
> Que cherchait-il? Quelques débris
> De la truffe de ce pays.
>
> Si Clitus un instant eût mis
> Sous le nez bourbon d'Alexandre
> Quelques truffes de ce pays,
> Eût-il vu son sang se répandre?...

C'est ce que je demande à M. Laménie, puisqu'il connaît l'histoire romaine, si intimement liée à la nôtre, et qu'il regarde les truffes et le bordeaux comme la fleur de tous les remèdes passés, présents et futurs. Je suis grandement de son avis, et ne regrette qu'une chose : c'est de n'être pas en situation pour pouvoir attacher à mon individu le docteur périgourdin et surtout pour pouvoir mettre en pratique ses ordonnances!

Si ces souhaits pouvaient se réaliser! Qui peut savoir? L'avenir est si impénétrable! En attendant, je vais laisser le docteur Laménie se promener dans nos rues avec son gros ventre, sa figure réjouie, sa tournure un peu commune et sa canne à la main, arme inoffensive, car le propriétaire n'est pas méchant : il est au contraire excellent homme, et il est de ceux qui peuvent faire estimer la race périgourdine en ces climats.

M. PUYDEBAT

Je veux que le diable me torde le cou à l'instant même si je sais au juste comment s'écrit le nom de ce docteur ! Est-ce *Puy de Bat* ou *Puydebat ?*

A part la *Bath* d'outre-Manche, renommée pour ses eaux thermales, il n'est pas, que je sache, en France, de ville ou de terre de quelque importance portant le nom de *Bat*. Or, toute particule avant-garde d'un mot creux est une particule pour rire. En fait de bât, sous notre latitude, nous ne connaissons guère que celui dont on gratifie le dos des ânes. Si c'est là une officine à parchemins, il y a sur la terre plus de nobles qu'on ne croit :

Et le plus *bât* de tous n'est pas celui qu'on pense !

Bref, Puy de Bat en trois mots me paraît si illogique, si vide de sens, si bêtement prétentieux, que je crois devoir l'écrire en un seul tenant; car je me figure que c'est une farce que l'on a voulu faire à notre héros en imprimant son nom d'une manière aussi ridicule que caustique.

Ceci me rappelle M. Gout-Desmartres demandant à une personne de ma connaissance, il y a quelque vingt ans, comment il fallait débiter son nom, qui jusqu'alors n'avait pas connu l'*espace forte* en guise d'intermède. Enfin, malgré la réponse narquoise de mon ami, l'espace fit petit à petit son office... et le nom de l'honorable académicien se divisa en deux tronçons : *des* et *Martres*. Voulez-vous que je vous dise mon opinion sur certains savants ? Eh bien ! ils auraient fait des études pour devenir idiots, qu'ils n'auraient pas mieux réussi !

Mais laissons ces imbécillités de particule et autres et revenons au docteur Puydebat. C'est une notabilité médicale de l'endroit. Il a, de plus, une valeur originale : il grossit considérablement depuis la chute de l'Empire, auquel il était tout dévoué pour des motifs puissants...

M. Puydebat a la parole brève, saccadée. Il est d'une brusquerie qui n'a rien de désobligeant au fond, soit vis-à-vis d'un confrère ou vis-à-vis d'un client. Il s'occupe très-peu de tout ce qui a trait ou concerne le mouvement médical. Il est néanmoins d'une adresse extrême pour conserver les clients, même ceux qui ne sont pas entièrement satisfaits de lui.

A l'époque où florissait le Bonaparte troisième, M. Puydebat jouait un certain rôle comme candidat officiel pour le Conseil général. En temps d'élection, il savait utiliser l'influence des confrères en leur promettant bien des choses, étant donné son crédit à la Préfecture. Il a eu maintes fois l'occasion de se soucier fort peu des cancans professionnels : en attaquant cet homme de fer, les serpents auraient usé leurs dents.

Les préfets avaient le docteur Puydebat en haute estime. Les dignités ont plu sur sa tête. Quelques services d'hôpital d'abord et surtout quelques services personnels comme médecin de la *Préfecture* lui ont valu d'être nommé chevalier de la Légion d'honneur en principe, ensuite d'être bombardé officier par la raison qu'il n'était que chevalier.

C'est un peu l'explication trouvée pour le docteur Mabit, avec lequel notre héros est un peu en froid depuis l'éclosion d'une certaine lettre que lui adressa dans le temps le président de l'Association des médecins...

> Oser morigéner le docteur Puydebat
> C'est faire du succès un enfant de l'audace...
> C'est peu connaître sa cuirasse :
> *Audaces fortuna juvat !...*

Bref, notre praticien use largement des omnibus, qu'il escalade avec un peu de difficulté, car il est bon de dire qu'il est docteur de 1834, si je ne me trompe. En raisonnant sur cette base, il aurait un âge supérieur à celui qu'il indique physiquement. A ce compte, mille félicitations pour sa vigoureuse constitution !

Les divergences d'opinion n'éloignent pas de notre docteur certains vieux clients. Il en est un qui a raison de ne pas soupirer vers le retour de l'Empire et qui pourtant appelle assez souvent auprès de lui le médecin du Deux-Décembre.

M. Puydebat dit volontiers à un client quand il s'agit d'honoraires : « Voulez-vous que je vous traite en épicier ou autrement? » Quand un homœopathe marche sur ses brisées, il ne prend pas la mouche. Au contraire, il revient et revient, même sans être appelé ou désiré. Un emplâtre de Vigo ne s'agglutine pas avec autant de ténacité.

Ce que c'est que de tenir à ses clients !

M. GERVAIS-KOYSIEWICZ

M. Gervais-Koysiewicz a eu la bonne fortune de prendre part à la distribution du gâteau lancé par Esculape, du haut du ciel où il possède une échoppe, sur le sol gascon : notre docteur est agrégé (*section de chirurgie et accouchements*), en compagnie de MM. Dudon, Demons, Baudrimont et Poinsot, à la Faculté mixte de médecine et de pharmacie de Bordeaux.

Je suppose qu'il n'est pas utile d'annoncer aux populations que ce praticien est de race polonaise : son nom l'indique suffisamment. Il est cependant né à Bordeaux, où il est plus connu, même dans le corps médical, sous le nom de Gervais que sous celui de Koysiewicz. Je puis donc à l'avenir l'appeler *tout simplement* « Gervais ».

Notre fils d'émigré est petit, gros ; il se dandine en marchant, et marche un peu voûté en balançant ses membres thoraciques — car j'ai dit ailleurs *membres supérieurs* à l'égard du docteur Mabit ; — il a, de plus, la voix sombre.

Au demeurant, c'est un excellent garçon, affable, bon vivant, qui jouit entièrement de ses droits de citoyen français, puisqu'il est délégué à la vérification du portefeuille des houris bordelaises, — c'est-à-dire d'une partie des houris terrestres habitant Bordeaux :

Houri soit qui mal y pense !

M. le docteur Gervais a été, du vivant du beau Dupuy, un de ses suppléants, et il a dû recueillir une parcelle de sa succession. Mais il ne se mêle à aucune coterie. S'il figure quelque part, c'est par l'inscription pure et simple de son nom et par sa cotisation.

Ce praticien, qui loge à proximité d'un de nos grands réservoirs, doit prendre garde d'en diminuer la quantité, vu la disette dont nous sommes menacés de temps à autre et vu l'exigence de nos pompes à incendie, lesquelles ne chôment pas trop dans notre ville et se dessèchent aussi facilement que le gosier de ceux qui les font manœuvrer.

Bref, comme la plupart des Polonais réfugiés sur le sol français en général, et sur le sol bordelais en particulier, M. le docteur Koysiewicz est Français de cœur, qu'il ait *payé ou non sa dette à la patrie,* comme disent les phraseurs. Il a droit à tous les égards réservés à ceux qui se sont vus forcés de venir prendre place sur notre terre hospitalière à la suite des malheurs de leur patrie. Ceux-là trouveront toujours chez nous une main amie et une place au foyer. La France et la Pologne sont comme deux sœurs prêtes à se partager la joie dans les jours prospères et les larmes dans les jours de deuil.

Les Polonais sont des Français, et il est des Français qui boivent comme des Polonais!

D'un caractère accommodable,
Se levant, se couchant Français,
Polonais seulement à table :
Tel est notre docteur Gervais!...

M. MANÈS

M. Manès est un beau garçon, de haute stature, gendre d'un docteur Dupuy. (On sait que les Dupuy et les Dubreuilh ne sont pas chose rare dans le clan médical.)

Le docteur Manès professe une bien plus grande estime pour les chevaux que pour les bipèdes qui se promènent avec ou sans lorgnon sur l'Intendance ou ailleurs. Je félicite ce praticien sur ses goûts peu vulgaires, et je suis d'accord avec lui pour classer l'homme en troisième ligne, c'est-à-dire après le cheval et le chien.

M. le docteur Manès est imbu d'une bonne portion de cette philosophie dont son maître Aristote se nourrissait à ses heures. Mais en fait de médecine, s'il faut de la philosophie, pas trop n'en faut.

J'ai dit que M. Manès s'occupait beaucoup plus de chevaux que de malades. On prétend cependant qu'il cherche depuis quelque temps à étendre sa clientèle, qu'il avait grandement négligée. C'est que les clients ne peuvent être satisfaits d'avoir pour directeur de leur santé un praticien qui s'absente souvent de son domicile!...

Un beau jour — jour à jamais mémorable! — le

corps médical apprit qu'un arrêté ministériel nommait le docteur Manès médecin-adjoint au lycée de Bordeaux.

On voit d'ici... ou plutôt on ne peut juger de la grande stupéfaction que causa cet événement à ceux de nos médecins qui sont continuellement à l'affût de tous postes officiels, vacants ou nouveaux. Les beaux-pères, les beaux-frères, les pères, les oncles, en un mot tous les Cromwel protecteurs de la ruche bruyante de la turbulente corporation, n'avaient pas été prévenus des intentions ministérielles.

A ce propos, je dois dire que des concours sont annoncés pour le fonctionnement de la nouvelle Faculté. Nous allons bien voir si le *cousinage* va toujours aller son petit train, et s'il suffira d'être le neveu de son oncle, le fils de son père ou le gendre de son beau-père pour arriver à l'état d'élu !

Le gracieux Caligula, dans sa passion pour la race chevaline, jugea à propos de nommer son cheval consul, et je suis persuadé que ce ne fut pas le consul à quatre pattes qui fit le plus de mal à l'empire romain. Sans vouloir précisément comparer M. Manès à celui qui « souhaitait que son empire n'eût qu'une seule tête pour la pouvoir couper d'un seul coup », je crois bien qu'il aime autant les chevaux que Caligula et qu'il apprendrait avec une réelle satisfaction que son coursier préféré vient d'être nommé professeur à la Faculté de Bordeaux sans avoir pris part *aux courses !*...

M. le docteur Manès — chevaux à part — ne

joue aucun rôle bien accentué. Bon père, bon mari, bon gendre, il vit en famille sans se soucier des intrigues professionnelles et sans se mêler aux incidents qui peuvent survenir au milieu de la docte Compagnie. Il paraît cependant que sa beauté physique a fait du bruit autrefois et que les exclamations lancées par nos Bordelaises lorsqu'elles contemplent les docteurs Garat et Durand en pompiers, ne sont que de simples soupirs à côté des émotions que provoquait jadis la vue de cet Apollon diplômé.

M. MAYAUDON

Je ne sais pas au juste quel âge peut avoir ce médecin, mais je puis affirmer qu'il aura 85 ans dans dix ans. C'est un bel âge.

M. Mayaudon est natif de Bassens. Son père avait fait campagne comme chirurgien-major dans le corps commandé par le général Dumouriez.

Il est très-peu de médecins à Bordeaux qui aient autant parcouru de pays que M. Mayaudon. A l'âge de dix-neuf ans, il faisait la campagne d'Espagne comme chirurgien sous-aide-major auxiliaire. Il est resté attaché en cette qualité pendant plus d'une année à l'hôpital militaire de l'Atocha, à Madrid. La campagne terminée, il fut licencié à Bayonne, et il rentra dans ses foyers.

Il continua ses études médicales à Bordeaux, où il fut reçu officier de santé en 1825.

Il s'embarqua alors sur un navire de commerce, et fit, en qualité de chirurgien, un voyage dans l'Inde. Puis il revint à Bassens, où il fit de la médecine pratique avec son père.

En 1827, il fit une excursion en Italie pour accompagner un jeune Anglais malade. Après avoir visité Rome, Naples et les principales villes, il rentra en France.

C'est à cette époque, je crois, qu'il se maria.

Pendant la guerre franco-prussienne, M. Mayaudon fut nommé médecin de l'ambulance dont le siége était à Saint-Nicolas. En récompense des services rendus dans ces dernières fonctions, il a reçu un diplôme d'honneur de la Société de secours aux blessés.

M. Mayaudon a été pendant plus de quinze ans médecin d'un bureau de bienfaisance, où il a exercé son art sans autre récompense que la satisfaction qu'éprouve la conscience après un devoir accompli. Il a été aussi conseiller municipal à Talence ; il a même refusé l'écharpe de maire à une certaine époque.

On voit qu'il s'agit d'une existence assez bien remplie.

M. Mayaudon est très-connu dans le quartier Saint-Nicolas. Il n'y a guère qu'une quarantaine d'années qu'il habite le gentil petit châlet installé rue des Sablières.

S'il n'y avait pas de plus grand tapageur dans la paroisse que M. Mayaudon, tous ceux qui sont partisans de la solitude et de la tranquillité iraient habiter par là.

D'une constitution physique qui n'a rien de redoutable, le type de ce praticien indique la rusticité bourgeoise la plus accentuée. Il me semble le voir se promener sur les bords du Gange coiffé du colossal chapeau qui est de mise dans ces intransigeantes contrées. Quelle apparence peu belliqueuse ! et comme les Indiens devaient peu s'effrayer de voir poindre à l'horizon le fils de l'ancien chirurgien-major de l'armée de Dumouriez!... ou plutôt on ne voyait que le chapeau, et point le propriétaire.

Je vais laisser l'ermite de la rue des Sablières — orné de la cravate blanche avec laquelle il doit coucher — cultiver tranquillement ses fleurs dans son jardin et soigner sa volaille; je n'ai plus qu'un mot à dire : j'ai tué dans le temps des lièvres qui avaient des yeux exactement semblables à ceux de M. Mayaudon.

M. LAFON

M. le docteur Lafon est actuellement un vieux praticien qui a toujours habité le quartier des Chartrons. Par caractère, beaucoup plus que par l'excentricité de son domicile, il s'est toujours tenu en dehors de l'agitation professionnelle.

Son visage porte l'empreinte de la bonté, de la douceur, de l'affabilité et de la modestie, qualités rares, sinon inconnues, chez le plus grand nombre de ses confrères.

Grâce à cet isolement, il n'y a jamais eu de cancan, de rumeur, de bruit quelconque autour du nom du docteur Lafon. Il ne faut pas trop lui en faire un mérite : sa nature est ainsi constituée. On sait que le mérite est surtout dans le succès de la lutte et dans le triomphe sur son tempérament. Il serait idiot de louanger la sobriété de celui qui déteste le vin ou la chasteté de l'eunuque. Le malheureux roi de Béotie ne s'enivrait-il pas en buvant... de l'eau du Léthé? La belle Eurydice n'en avait pas moins d'horreur pour lui que s'il se fût enivré avec le jus de la treille. Heureux sont ceux qui ont la vertu facile! Glorieux sont ceux qui, l'ayant difficile, la pratiquent néanmoins!

Si la médecine n'a pas procuré des rentes

élevées au docteur Lafon pour ses vieux jours, la chance, du moins, lui est venue d'ailleurs. Il possède à Bacalan des terrains qui ont acquis dans ces derniers temps une plus-value sérieuse.

J'en éprouve une vive satisfaction par sympathie pour ce bon docteur. Mais je dois lui glisser discrètement dans le tuyau de l'oreille que les clients le trouvent un peu trop mou, surtout quand il s'agit de visites nocturnes.

Bizarres clients !

Ils ignorent que cet état de choses est dû non à Voltaire mais bien à Mme Lafon. Entre nous soit dit, docteur, et ma meilleure poignée de main !

M. LEGENDRE

Un docteur non exerçant doit faire bonne figure dans cette galerie. C'est un docteur inoffensif, à l'opposé de quelques-uns de ses confrères, à brillant équipage et à... Vous êtes trop curieux, lecteur !

Si l'on mettait M. le docteur Legendre, ce vieux praticien qui ne pratique plus, en face de M. le docteur Mabit qui pratique encore, qui pourrait croire qu'une seule différence de trois ans les sépare au point de vue de l'âge professionnel?

L'un est cassé, ridé ; l'autre est ce que vous savez, c'est-à-dire non cassé et non ridé.

Quelques membres de l'Association médicale, cherchant un jour à faire faire à cette Association un acte de « puissance corporative », eurent l'idée de solliciter une croix de la Légion d'honneur pour un membre quelconque, et, afin de n'exciter aucune compétition ni aucune jalousie, ils eurent la pensée de prendre le nom du docteur Legendre comme incarnation de leur plan étrange.

La chose en est restée là.

Notre candidat, heureux ou malheureux, comme vous voudrez le qualifier — car l'un ou l'autre adjectif peut lui être appliqué, — doit être originaire de Pauillac, où il a un fils qui exerce la médecine. Disons en passant que M. le docteur-médecin Legendre fils, habitant Pauillac, n'est point sans mérite, et qu'il est réputé posséder des qualités scientifiques et un savoir assez étendu.

Quant à son docte générateur, toute sa vie consiste aujourd'hui à se lever le matin et à se coucher le soir. Entre temps il se promène, ou il fait apparition au Cercle Philomathique. Rien de plus, rien de moins.

M. FABEL

En ménageant une place dans ma galerie au plus remuant et au plus énigmatique porte-drapeau de l'homœopathie, je fais acte d'impartialité, tout en regrettant la scission aussi peu logique qu'anormale qui existe entre ceux qui ont accepté la tâche de soulager les souffrances physiques de notre pauvre humanité.

M. Fabel n'est pas trop vilain garçon, sans être sorti du sein des eaux, puisqu'il n'est pas blond ; ses pommettes sont rosées comme une pomme d'api ; son visage ne manque pas d'expression, et sa barbe n'est point encore argentée, malgré les péripéties d'une vie médicale parsemée d'incidents variés, agréables ou désagréables, mystérieux ou publics.

Il est toujours costumé de noir, et jamais fantaisiste... du moins dans sa toilette, et il se passionna jadis pour les *fleurs artificielles*. Il a été engendré comme homme à Bordeaux ; dans le Midi, comme médecin (officier de santé) ; et je ne sais où, ni quand ni comment, dans ces derniers temps, comme *docteur en médecine de l'Université de France*. Il y a là un gros mystère qui fait dresser les cheveux sur la tête des docteurs bordelais dont le cuir chevelu n'est pas à l'état de caillou.

Le docteur Fabel! dites-vous.

Et pourquoi pas, s'il vous plaît?

Non-seulement docteur ; mais, qui plus est, homœopathe !

Notre diplômé n'a pas jugé à propos de se lancer dans la médecine traditionnelle, hippocratique, classique et scientifique, comme on dit dans les journaux de médecine, pas plus que de s'établir dans le pays des Velpeau, des Trousseau, où tout bagage qui n'est pas suffisamment affranchi court risque de rester en gare indéfiniment.

Est-il donc plus difficile de distribuer des globules pour son compte que de distribuer des tickets à la porte d'une exposition plus ou moins universelle?

Mais le *globulophile* Fabel est un type parfait de savoir... faire. C'est un tacticien plein d'adresse, de souplesse et d'amour pour son art. Au besoin, il ferait disparaître entre ses doigts, à l'exemple des Bosco père et fils, les boulettes qu'il vend si cher à ses clients et clientes.

Notre homœopathe bordelais va très-vite à pied, et un peu plus vite lorsqu'il est dans sa voiture, d'où il éclabousse les allopathes, ses confrères en doctorat, et quelques-uns des homœopathes, ses confrères en boulettes, et il marche en train rapide vers la fortune et vers l'acquisition de grands immeubles. L'eau distillée coûte si peu aux producteurs et se vend si cher aux consommateurs !...

Hélas ! malgré tout ce que l'on a fait et tout ce

que l'on pourra faire, j'ai grand'peur que la foi...
dans la médecine mystique *toujours en France ré-
gnera*. En homme perspicace, M. le docteur Fabel
le sait bien. Les statisticiens ont beau présenter
leurs additions lugubres; la population périt plutôt,
à ses yeux, par la *maladie de foi...* que par la *maladie de poitrine*. Aussi, nouveau Lamennais, il va
publier, dit-on, un grand ouvrage ayant pour titre :
*De l'indifférence en matière... de foi dans l'homœo-
pathie.*

Et fouette cocher ! en avant la musique ! Il ne
meurt jamais que les plus malades ! disait Sancho
Pança.

M. MOURGUE

On n'a jamais pu savoir si M. Mourgue était docteur en médecine ou simplement officier de santé. Les journaux l'ont présenté comme docteur, et les affiches comme officier de santé diplômé deux ou trois fois. Qui croire ?

Il y a cependant là une question de fond !...

Dans le temps, un docteur sérieux, bien posé, bien décoré, accointait scientifiquement avec l'officier de santé Mourgue. Il s'ensuivit une lettre que le docteur Mabit crut devoir adresser au confrère « sérieux et bien posé ».

M. Mourgue a eu de nombreux domiciles médicaux. Il est vigoureux de corps et de traitement. Il est très-bruyant et très-loquace après ses repas. Et notez qu'il s'occupe lui-même de sa cuisine avec un soin tout particulier... D'aucuns prétendent que le docteur Mourgue excelle dans l'art culinaire; qu'il prendrait « la queue de la poêle » au besoin, et qu'il n'est pas de cordon-bleu capable de lutter avec lui au point de vue de la variété : ainsi, par exemple, dans une modeste sauce au moule (charron pour le vulgaire), il fait entrer une vingtaine de condiments, soit laxatifs, soit astringents ou autres... voire même des piments !

Ce médecin a plutôt l'air d'un maréchal-ferrant

que d'un docte personnage; sa mise n'est point recherchée; et même aurait-il des cheveux sur la tête, qu'il s'inquiéterait fort peu que la raie fût par côté ou droit au milieu !

S'il a la parole facile, sa conversation est empreinte d'un libéralisme à tout crin. Il appelle un chat un chat et ses clients des imbéciles. Les affaires marchent quand même — et passablement.

Ce docte original, — dont la voix, parfois enrouée, est toujours d'un timbre qui ne doit avoir aucune analogie avec celui approprié aux larynx des anges qui sont au ciel, — aurait dû se faire vétérinaire, car les chevaux n'attachent aucune importance au caractère de ceux qui les soignent médicalement, et ils sont très-aises qu'on leur applique des remèdes de cheval : c'est dans leur nature et dans leurs besoins. Ces nobles coursiers doivent être jaloux, lorsqu'ils passent *tout attelés* devant le dispensaire de M. Mourgue, de voir des chrétiens, des juifs et autres gens de culte non reconnu par l'État, aller consulter un guérisseur qu'ils auraient dû avoir uniquement pour eux.

M. Mourgue est un praticien qui s'occupe presque spécialement des parties les plus délicates de la machine humaine. Il s'est voué corps et âme au raccommodage des tabatières anatomiques dont les ressorts ou les charnières ont eu à subir des avaries. On le dit même connaisseur et capable en ces matières.

Mais une certaine appréhension s'empare de moi au moment où je finis de *croquer* sinon le héros, du moins l'homme aux remèdes héroïques. Je songe que s'il vient à me rencontrer dans la rue, il faudra peut-être aller prendre un verre au débit du coin !

C'est égal, si M. Mourgue, comme il est supposable, habite les enfers en dernier ressort, il y aura moyen de rire dans le séjour dénommé à tort « les sombres lieux » ; car il est de force, lui aussi, à l'exemple de feu maître Adam, à vaincre les démons et à

> Faire chanter au Diable
> Les louanges de Bacchus.

Et lorsque le grand Radical s'approchera de lui pour le larder un brin, il lui criera de sa plus forte voix :

« Hé ! hé ! l'Enflammé, ne va pas couy....r ! Fais apporter un litre, ça vaudra mieux ; je le paye : et je te soignerai ta femme et tes drôles à meilleur compte que Dubreuilh !... »

Ah ! vraiment, c'est un bien excellent homme, le docteur-officier de santé Mourgue !...

C'est M. le docteur-médecin-officier-de-santé-vétérinaire Mourgue qui va clore non-seulement la troisième série, mais les séries de *Nos Mé-*

decins bordelais en 1878. J'ai cherché autant que possible à réunir dans cette étude locale les personnages capables de donner physiquement, intellectuellement et moralement une idée de l'ensemble formé par une docte et honorable corporation. Ai-je satisfait le lecteur sous ce rapport ? Je puis affirmer que j'ai fait mon possible, et ceux qui sont partisans des contrastes n'auront, pour être satisfaits, qu'à réunir en un seul volume les trois séries, et à jeter ensuite un coup d'œil au commencement et à la fin de l'ouvrage. Ils compareront l'homme de *tête* et l'homme de *queue*.

Toutes les peines et les recherches que m'a occasionnées cette œuvre aussi délicate qu'épineuse sont compensées par l'accueil qu'elle a reçu dans notre intelligente cité. Peu importe que la presse locale ait cru devoir rester neutre vis-à-vis d'une production littéraire aussi nouvelle qu'inattendue, puisque cette dernière fait son chemin ! Quand un auteur compte parmi ses collectionneurs des hommes comme MM. Delpit, Gaullieur et Dezeimeris, entre autres, il doit être largement satisfait, il ne doit pas même ambitionner d'autre satisfaction.

Avant de reprendre mes séries en 1879, j'écrirai le livre que j'ai annoncé dans la préface de la deuxième série de *Nos Médecins bordelais*, livre qui aura pour titre le LE POT DE CHAMBRE. J'ai pour principe de courir au plus pressé, et peut-être que l'étude politique et sociale que je me propose de mettre au monde pourra avoir son utilité. Dans tous les cas, je n'ai pas besoin d'attendre au 5 janvier pour connaître la situation politique de la France et savoir quel gouvernement peut logiquement lui convenir. On ne change pas dans six mois ou dans un an le caractère d'un peuple ; mais il reste à savoir s'il est avec ce caractère des accommodements.

De la médecine à la politique, n'allez pas croire, lecteur, qu'il y ait une bien grande transition. La politique est partout, et c'est pour moi un point noir à l'horizon que de prévoir qu'on pourra en dire autant un jour de la médecine.

PETITE CORRESPONDANCE

PETITE CORRESPONDANCE

AU CHEVALIER DE L'INCONNU

Monsieur,

Je ne tiens pas en réserve mes meilleurs sentiments pour ceux qui n'ont pas le courage de signer leurs œuvres, surtout quand ces dernières ont pour but de *fouiller* dans le domaine des personnalités. On sait bien que le fameux Eugène de Mirecourt était un Jacquot ; mais vous, Chevalier de l'Inconnu, qui êtes-vous ? Peut-être un chevalier en trois personnes. C'est à ce titre, sans doute, et peut-être eu égard à votre situation sociale, que vous avez cru devoir signer bizarrement la brochure ayant pour titre : *Biographie fantaisiste de M. Adhémard Lesfargues-Lagrange,* éditée par M. Alexis Colin, le libraire des allées Damour, et imprimée par un de mes vieux amis, M. Durand, de la rue Vital-Carles.

Quoi qu'il en soit, et malgré la répugnance que j'éprouve pour tout écrit non signé ou signé d'un nom de contrebande, je vais essayer de vous répondre. Vous serez indulgent pour moi, vu ma situation intellectuelle ; vous savez que mon « instruction a été véritablement tronquée » et que « j'ai fui le collége pour rompre avec le latin ». Quiconque ne connaît pas à fond la langue de Cicéron et de Virgile ne peut guère avoir d'esprit de nos jours.

Mais s'il est une satisfaction pour moi en griffonnant cette réponse, c'est de songer que j'ai affaire à quelqu'un qui a fait ses humanités, sinon à Oxford ou à Cambridge, du moins dans quelque bon collége ou lycée de France. Je suppose donc que vous avez été jusqu'en rhétorique, et c'est au rhétoricien que je m'adresse humblement et courtoisement.

Laissant de côté le début de votre brochure, je vais vous prendre à la page 14, où le titre ronflant : *Aux Médecins bordelais* commande une tirade en vers signée : *un Fantaisiste adhémardoïde*. Ce dernier adjectif rappelle feu Gagne à mon souvenir. Vous devez connaître l'auteur du *Congrès sauveur*, de l'*Unitéide*, de la *Monopanglotte*, de la *Guerriade*, etc., qui a laissé pour le représenter sur terre mon excellent ami M. Adolphe Bertron.

Eh bien !, vous êtes plus fort que feu Gagne, l'avocat citoyen du peuple universel, qui, même dans son *Heure de Dieu*, tour de force poétique en rimes masculines, s'est maintenu dans les limites assignées aux alexandrins. J'ai cherché également dans les œuvres de Lamartine, de Florian et de Pierre Dupont, mes trois poètes favoris, quelques passages ayant des rapports avec votre fébricitante poésie. Rien ! rien d'approchant !

Quel est donc votre maître, Chevalier à visière baissée, qui prétendez que les bancs du collége peuvent seuls inculquer la saine raison, la logique et le jugement? Votre oreille ne vous a rien dit, lorsque vous écriviez cette ligne :

C'est votre tour de *rire*, médecins bordelais ?....

Mais, bah ! une syllabe de plus ou de moins, ce n'est pas le diable !.... C'est égal, je vous engage à lire Quitard, un maître en versification, si toutefois vous pouvez apprendre quelque chose sans être assis sur ces bancs de collége pour lesquels vous avez une si grande vénération.

J'ai savouré aussi la dixième ligne de votre tirade en vers :

Jeunes vieux, petits, grands, gracieux ou bien laids.

L'expression « jeunes vieux » me plaît assez.

Mais ne nous arrêtons pas aux bagatelles de la porte du vestibule d'un Hélicon de l'Auvergne ou du Limousin. Avant d'entrer en lice sérieusement, je tiendrais à vous demander si vous croyez que l'*influence secrète* dont parle Boileau fait la sieste sur les bancs d'un lycée quelconque et peut s'inculquer à sa guise n'importe où ?...

Vous savez, Chevalier à visière baissée, que, contrairement aux opinions émises par les plus célèbres physiologistes de l'antiquité, Aristote, Hippocrate et tant d'autres, l'œuf jeté par la nature dans l'ovaire comporte en lui-même son sexe, et que l'animalcule séminal qui se juxtapose sur lui pour le féconder ne fait qu'aider au développement d'un principe établi. Un jour viendra où l'on aura acquis la certitude que les principes intellectuels, moraux et physiques sont unis ensemble primordialement, qu'ils sont en essence dans l'œuf de l'ovaire dès l'instant qu'il est fécondé, pour de là subir ensuite les influences mathématiques d'une destinée aux ordres d'un maître absolu. On naît poète comme on naît tout autre chose.

Mais ce n'est ni le lieu ni le moment de traiter ces questions d'ordre supérieur, éminemment politiques et sociales. Nous retrouverons plus tard, s'il plaît à Dieu, l'embryon qui vous a fait déjà sourire en vous rappelant la montagne en travail.

Entrons en lice !....

Je vous prends à la page 15 de ma biographie pour vous

donner mon impression, partagée par un grand nombre de personnes dont l'opinion a quelque valeur.

Dans cette page et celles qui suivent on reconnaît le rhétoricien. Vous avez accompli un tour de force assez difficile à exécuter : vous avez imité mon style d'une si heureuse façon, que des lecteurs ont cru de prime abord que la *Biographie fantaisiste* signée un Inconnu était l'œuvre de l'auteur de *Nos Médecins bordelais*. J'ai hâte d'ajouter que votre style, tout en étant imitatif, est de beaucoup supérieur au mien comme forme. Je suis persuadé que vous n'êtes pas un novice dans l'art d'écrire, qui que vous soyez : ce n'est que par la pratique que l'on peut arriver à construire des phrases d'une manière aussi correcte. Mais ceci est du domaine de la forme : vous connaissez mon opinion sur le fond.

Recevez donc mes humbles et sincères félicitations, malgré les morsures que vous avez essayé d'exercer sur moi à différentes reprises. Que n'avez-vous pénétré plus avant dans les chairs avec vos griffes ! Vous auriez satisfait quelques lecteurs grincheux et inassouvis, et j'en aurais ri peut-être encore plus fort — car vous m'avez fait rire à certains passages — et je ne m'en serais point fâché, par la raison que mon caractère est meilleur que vous ne le supposez, et que je suis assez logique pour accorder aux autres des droits identiques à ceux que je crois posséder.

Me permettrez-vous maintenant, Monsieur le Chevalier, de vous faire observer que l'alinéa deuxième de la page 21 de votre brochure a été construit sur des données complètement fausses ?

Quant à l'énigme formée par la situation que vous dépeignez dans le dernier alinéa de cette même page, il m'est très-facile de vous satisfaire par écrit, après en avoir satisfait bien d'autres verbalement :

Mes premiers débuts littéraires n'étaient pas signés ; je

ne voulais même pas qu'on en soupçonnât l'auteur. Il fallait donc agir en conséquence. Ensuite, le public ne m'aurait-il pas octroyé des collaborateurs si mes brochures signées étaient sorties des presses de M. Gounouilhou ? Il y avait là un acte de prévoyance dont vous comprendrez facilement la portée. Je suis, de plus, certain que le propriétaire de la *Gironde* n'est pas à la recherche de clients au roulement de 1,500 à 2,000 fr. par année, et qu'il a du pain sur la planche pour le reste de ses jours.

Pas autre chose à vous dire, sinon que vous m'injuriez gratuitement à la dernière ligne du second alinéa de la page 16 : je n'en porte plus depuis vingt ans, et je maudirai éternellement le jour où j'ai fait séparation avec *elles* pour suivre la mode !

Sur ce, Chevalier de l'Inconnu, je compte sur votre obligeance pour m'en aviser s'il vous plaisait de lever votre visière. Alors j'essaierai, si vous y tenez, de rompre une... plume avec vous, toujours courtoisement. Vous me paraissez avoir combattu autre chose que des moulins à vent. Je ne voudrais point vous voir subir le sort d'Épaminondas à Mantinée, mais je vous avoue que j'éprouverais une certaine satisfaction à vous *pointer* tant soit peu à titre de reconnaissance.

A bon entendeur, salut !

A. L.-L.

POÈTE A POÈTE

A u docte chevalier qui signe : *Un Inconnu !*
U ne tirade en vers est de mise sans doute :
C 'est lui qui, dans ce sens, vient de tracer la route
H istoriographiée où grouille son menu...
E n fantaisiste ardent plus qu'adhémardoïde,
V aincu par le désir d'imiter son héros,
A u beau milieu du plat nanti de chair et d'os
L 'auteur a mis des vers sentant l'*Unitéide !*...
I l était plein d'esprit l'avocat-citoyen,
E t je suis très-heureux qu'en notre bonne ville
R eluise un rejeton d'humeur assez facile
D igne de succéder au *chanteur parisien !*...
E t vive le Scardus, le Pinde et la *castagne !*
L e soleil d'Apollon va se lever sur nous...
'I l est né celui qui doit nous surprendre tous :
N 'est pas Gagne qui veut !...Tous en chœur : « Vive Gagne ! »
C eci dit, chevalier « acerbe ou caressant »,
O n vous porte un défi : Jetez casque en arrière ;
N émésis *luit* pour tous ! Pégase sans croupière
N e vous fait-il pas peur ? Répondez carrément :
U n simple mot de vous, et *nous entrons... en guerre !*

TABLE DES MATIÈRES

Aux Lecteurs..	3
M. Henri Gintrac	7
M. Denucé..	11
M. Moussous..	15
M. Métadier...	19
M. Sarraméa..	25
M. Salviat	29
M. Piéchaud	33
M. Loubet	39
MM. Garat et Durand	43
M. Vovard	47
M. Boursier	51
M. Méran	55
M. Fournié	59
M. Burguet	63
M. Laménie	65
M. Puydebat..	69
M. Gervais-Koysiewicz...	73
M. Manès...	77

M. Mayaudon	81
M. Lafon	85
M. Legendre	87
M. Fabel	89
M. Mourgue	93
PETITE CORRESPONDANCE	101
Poète à Poète	106

www.ingramcontent.com/pod-product-compliance
Lightning Source LLC
Chambersburg PA
CBHW070301100426
42743CB00011B/2293